DU TRAITEMENT HOMOEOPATHIQUE

DES

MALADIES DES YEUX

PAR

LE Dr HUBERT-BEGENNE

PARIS

J.-B. BAILLIÈRE ET FILS

LIBRAIRES DE L'ACADÉMIE IMPÉRIALE DE MÉDECINE

19, RUE HAUTEFEUILLE, 19

1857

DU TRAITEMENT HOMŒOPATHIQUE

MALADIES DES YEUX

IMPRIMERIE SIMON RAÇON ET COMP., RUE D'ERFURTH, 1.

DU TRAITEMENT HOMOEOPATHIQUE

DES

MALADIES DES YEUX

PAR

LE DR HUBERT-BEGENNE

PARIS

J.-B. BAILLIÈRE ET FILS,

LIBRAIRES DE L'ACADÉMIE IMPÉRIALE DE MÉDECINE.

19, RUE HAUTEFEUILLE, 19

—

1857

DU TRAITEMENT HOMŒOPATHIQUE

DES

MALADIES DES YEUX

**Du spécialisme dans la médecine oculaire et des
conditions qu'il impose.**

Le but de l'auteur, en publiant ce travail, est
d'étendre les bienfaits de la médication d'Hahnemann à une classe nombreuse et intéressante de
maladies dont le traitement est habituellement
remis aux soins de médecins spécialistes entière-
ment étrangers à la connaissance des moyens dont
l'homœopathie dispose.

En effet, soit à raison de la variété des symptômes qu'elles présentent, soit à cause de l'impor-
tance de la fonction qu'elles menacent, les maladies

de l'œil ont paru de tout temps exiger le concours d'un médecin particulièrement livré à leur pratique. L'étude d'un organe aussi complexe et aussi délicat, les difficultés qu'offre son examen, la nécessité d'y saisir rapidement une foule de détails qui peuvent échapper à un praticien non suffisamment exercé, semblent, à bien des égards, justifier cette préférence.

Mais, pour répondre à la confiance du public, le spécialiste n'a pas seulement besoin de bien connaître les maladies, il doit encore être supérieur à les traiter et à les guérir. Si la faculté de bien déterminer la lésion impliquait nécessairement la connaissance du meilleur remède à y apporter, nous n'aurions pas songé à prendre la plume après les honorables spécialistes qui furent nos maîtres dans l'art difficile du diagnostic et qui, à ce point de vue, peuvent rester nos modèles. Mais, devant la pauvreté des ressources de la thérapeutique oculaire qui fait du traitement des maladies de l'œil un art presque toujours manuel et chirurgical; les revers sont trop fréquents et les succès trop chèrement achetés, pour que les nombreux amis d'Hahnemann ne nous sachent pas gré de nos efforts à vulgariser l'application de sa méthode dans des maladies jusqu'ici exclusivement restées dans le domaine de l'allopathie.

Importance du traitement des maladies des yeux.

De toutes les maladies auxquelles l'homme est sujet, il n'en est guère dont il se préoccupe autant et dont il s'afflige davantage que de celles qui affectent en lui l'organe de la vision. L'œil étant, comme on l'a dit, la *fenêtre de la vie*, il est naturel qu'il cherche à la tenir bien ouverte. Aussi, craignant que le médecin ordinaire ne suffise pas à le guérir, il s'empresse de recourir aux lumières d'un spécialiste; souvent même, dans son impatience, il va cherchant une panacée pour son mal et acceptant de toutes mains poudres, pommades et collyres, au risque de compromettre à toujours le salut d'un si précieux organe.

Il n'est cependant pas de maladie qu'il ait intérêt à mieux traiter et à guérir plus vite, car il n'en est pas de plus disposée à passer à l'état chronique. Or, dans la médecine ordinaire, chronicité et incurabilité sont trop souvent synonymes,

pour que le malade ne mette pas toute sa sagesse
à éviter ce triste résultat.

Ces maladies ne doivent jamais être envisagées que du point de vue de l'organisme tout entier.

Sauf le cas de lésions externes et vulnérantes, les
maladies des yeux ne sont pas, comme on est trop
disposé à le croire, des maladies locales qu'il faut
traiter sur place, *in situ et loco dolenti*. Elles ne
sont que l'indice ou le reflet d'affections générales,
inhérentes à l'économie tout entière ou sympa-
thiques de certains désordres fonctionnels du sujet.
Les dénominations d'ophthalmies scrofuleuse, catarrhale, goutteuse, syphilitique, rhumatismale,
abdominale, etc., indiquent que c'est à ce point
de vue qu'un certain nombre d'entre elles ont été
envisagées par les pathologistes. Mais cette règle
est générale et s'applique à l'universalité des cas.
La conséquence qui en résulte est que, pour combattre utilement les maladies de l'œil et pouvoir
en triompher, il faut recourir à une médication
appropriée à l'ensemble des symptômes morbides
et à la cause qui les a produits.

C'est en vain qu'on instille dans l'œil des collyres, qu'on oint les paupières et les sourcils de pommades ou de liniments, qu'on dirige sur le globe des vapeurs médicamenteuses, ces moyens peuvent bien agir comme d'éphémères palliatifs, mais ils ne sauraient conduire à une sérieuse et radicale curation. La croyance dans laquelle on entretient les malades, que ce n'est que par des moyens externes qu'on guérit les maladies de l'œil, est une erreur à déplorer. Souvent dangereux et presque toujours inutiles, ces procédés ne doivent être employés qu'exceptionnellement et seulement comme adjuvants de la médication interne, qui, appliquée dès l'origine du mal, suffit presque toujours seule à en triompher.

Dangers du traitement auquel l'allopathie les soumet.

L'horizon borné où on se place, dans l'examen des maladies de l'œil, l'habitude de les localiser dans cet organe quand il faudrait les considérer comme les manifestations particulières d'un état plus général, et les traiter au point de vue de l'organisme tout entier, conduit à des traitements mal compris et à de nombreux insuccès.

Sans parler des oculistes, dont l'ignorance en pathologie n'est égalée que par l'absurdité des procédés curatifs qu'ils emploient, de ces prétendus spécialistes qui répondent à la crédulité des malades en leur enduisant l'œil d'une pommade de leur invention ou en y instillant un collyre dont ils ont le secret, on peut dire que, chez ceux-là mêmes qu'on révère comme les princes de la science, les moyens thérapeutiques sont aussi insuffisants que limités. On s'y occupe bien plus de l'examen de la lésion dans ses plus petits détails anatomiques que du soin d'en rechercher la source et l'origine dans les causes générales ou dans le désaccord fonctionnel de l'organisme qui l'ont amené. La simple inspection de l'œil suffit d'ordinaire à la prescription, et la rigueur du diagnostic tient trop souvent la place de la sagesse dans la médication.

Des applications topiques continuelles; des cautérisations répétées sans succès et parfois pendant plusieurs années; des émissions sanguines sous toutes les formes, saignées générales, sangsues, scarifications; des révulsifs cutanés superficiels ou profonds, tels que vésicatoires, cautères, sétons;

des révulsifs sur le tube digestif par les purgatifs répétés, toutes choses qui n'aboutissent qu'à la dépravation des fonctions chez ceux qu'on y soumet : telle est la méthode habituelle et en quelque sorte stéréotypée pour tous les cas.

Si, dans des circonstances exceptionnelles, une médication plus spéciale est mise en usage et confiée à l'absorption par les premières voies, les doses auxquelles on est dans l'usage de recourir, et sans la massiveté desquelles on ne croirait pas de succès possible, déterminent bientôt une maladie médicamenteuse qui vient s'ajouter à la maladie primitive, souvent même à l'insu du médecin, qui, mettant ces nouveaux symptômes sur le compte de l'affection première, redouble d'énergie et de violence dans sa médication, au grand détriment du malade.

De la médication qu'il convient de leur appliquer.

Livrées à elles-mêmes, les maladies guérissent souvent. Des médecins, assez malheureux pour douter de leur art, n'ont pas craint d'abandonner systématiquement leurs malades aux soins de la nature toute seule, et ils en ont obtenu plus d'avantage que de la médication active à laquelle ils étaient dans l'habitude de les soumettre. De ce résultat, qui ne prouve rien contre la médecine, mais qui peut prouver beaucoup contre le médecin, certains esprits en ont voulu conclure que, dans les maladies, la nature suffisait à tout, qu'il fallait la laisser seule accomplir son œuvre de réparation, et que le rôle du médecin devait se borner à placer le malade dans les meilleures conditions hygiéniques pour ne pas troubler son action. Cette argumentation a surtout été invoquée à propos de la médication homœopathique, dont on a voulu mettre tous les succès sur le compte de l'expectation pure.

Ce n'est pas nous qui contesterons la puissance de la nature médicatrice; mais si, dans certains cas, toute seule elle peut suffire à la guérison, il en est un bien grand nombre où elle a besoin d'être sollicitée, secondée et même dirigée, sous peine de l'aggravation successive du mal, de sa prolongation indéfinie et même parfois d'une fatale terminaison.

En présence de l'action rapide et manifeste de certains médicaments spécifiquement appliqués, il n'est pas possible de douter de l'existence de la médecine comme science de guérir, et, pour qui connaît la marche et la durée des maladies, il est hors de doute que, dans la plupart des cas, elle ne puisse être efficace à abréger la durée du mal et à diminuer son intensité.

C'est surtout pour elle que la médication homœopathique revendique ces avantages. Cette méthode, qui n'emploie jamais les médicaments qu'aux plus petites doses actives, le fait pourtant avec assez de succès pour pouvoir se passer des moyens spoliateurs, perturbateurs et violents, sans lesquels, jusqu'à sa découverte, on n'avait pas cru que l'intervention du médecin pût être efficace. L'ancienne école disait : *Souffrir pour guérir;* la méthode nouvelle a inscrit sur sa bannière : *Guérir sans faire souffrir.*

De la méthode homœopathique, de son principe et de ses doses.

Avant la découverte de l'homœopathie, qui ne date que de 1794, époque à laquelle Hahnemann

publia ses premiers travaux, les véritables précep-
tes de la thérapeutique n'avaient jamais été posés.
La pratique médicale n'était qu'un art plus ou
moins heureusement exercé, suivant le tact et le
génie du médecin; mais, comme science de guérir,
la médecine n'offrait qu'incertitude, déceptions et
dangers. L'arbitraire le plus grand et les dissiden-
ces les plus tranchées existaient chez les médecins à propos du traitement de toutes les maladies.
Le principe des contraires et la médication in-
directe par les révulsifs, répercussifs et dérivatifs,
régnaient dans l'école et formaient tout le code de
la thérapeutique. La loi des semblables, bien qu'en-
trevue par quelques hommes supérieurs, n'avait jamais été systématisée. Aussi la science ne possédait
qu'un très-petit nombre de médicaments spécifiques, et encore manquaient-ils souvent leur effet,
faute de données suffisantes pour les appliquer à
propos.

Hahnemann, en expérimentant sur l'homme en
santé les médicaments les plus actifs et les mieux
connus, acquit la preuve qu'ils étaient tous capables de produire des symptômes analogues à ceux
qu'ils étaient efficaces à guérir dans les maladies.
Dès lors le secret de l'action des médicaments spé-

cifiques fut surpris, et le moyen d'en découvrir
d'autres demeura acquis.

L'*homœopathie* est donc la science qui enseigne
à guérir les maladies d'une manière certaine,
prompte et durable, au moyen de substances médicamenteuses capables de produire sur l'homme
en santé un ensemble de symptômes les plus semblables à ceux qu'on a à combattre chez l'homme
malade. C'est la recherche et l'application d'un
moyen spécial et en quelque sorte spécifique à chaque cas morbide. Il est démontré que les médicaments connus de tous les temps sous le nom de
spécifiques n'agissent jamais que par voie de simi-
litude et sont vraiment homœopathiques aux cas
qu'ils sont aptes à guérir[1].

Des doses homœopathiques. — Comme corollaire
de l'application du principe des semblables dans le
traitement des maladies, Hahnemann devait être
amené à la découverte admirable de l'action des

[1] Si l'aconit guérit les mouvements fébriles, l'arsenic la diarrhée
cholérique, la belladone l'angine et les convulsions, la cantharide les
difficultés d'uriner, l'ipécacuanha les vomissements, le mercure les
ulcérations syphilitiques, la noix vomique les gastralgies, le phos-
phore les pneumonies, le soufre les maladies de la peau, etc., etc.,
c'est que tous ces médicaments peuvent développer sur l'homme en
santé des symptômes morbides analogues à ceux qu'ils sont aptes
à guérir.

doses infinitésimales. La nécessité d'atténuer l'effet d'un grand nombre de médicaments, sous peine de produire des aggravations regrettables, le conduit à les appliquer à des doses successivement plus petites sans que leur effet curatif en soit diminué, et désormais le problème tant cherché de guérir vite, sûrement et sans danger, *tuto, cito et jucunde*, se trouve résolu.

Ce que les adversaires de ce grand homme ne peuvent lui pardonner, c'est l'exiguïté de ces doses, à l'efficacité desquelles ils ne peuvent croire, par la raison qu'ils ne sauraient expliquer leur action. La chose pourtant est assez sérieuse et utile pour qu'on ne la nie qu'après une préalable et consciencieuse expérimentation. En effet, si on se demande à quelles doses il est avantageux d'employer les médicaments, chacun, sans hésiter, répondra : aux plus petites doses possibles, pourvu qu'elles soient suffisantes à impressionner et à guérir. Ces substances étant pour la plupart empruntées à la classe des agents toxiques et se trouvant toutes capables de produire des symptômes morbides, la sagesse la plus vulgaire fait une loi de n'y recourir qu'avec la plus grande discrétion.

La preuve de l'action des petites doses ne résulte

pas seulement de l'accord unanime des médecins homœopathistes à les prescrire ; mais, pour la constater, il n'y a qu'à les expérimenter[1]. Quoique en dehors des habitudes de l'allopathie, leur effet n'a rien qui doive plus nous surprendre que celui des doses massives auxquelles chacun croit, mais que nous ne sommes pas plus habiles à comprendre et à expliquer.

La méthode homœopathique, n'agissant sur les organes que par la vertu dynamique des médicaments, n'a pas besoin de les employer à des doses assez matérielles pour que leur effet chimique ou mécanique détermine dans les fonctions les troubles que la médication allopathique cherche à y produire. Mais ce que la science la plus élémentaire nous enseigne, c'est que les propriétés du tout s'étendent aux parties divisées, qui forment elles-mêmes d'autres touts, divisibles à l'infini.

---

[1] La seule loi qui unisse les médecins homœopathistes est celle des semblables, la question des doses n'est qu'une chose secondaire et d'application. La posologie se modifie selon la nature de la maladie, celle du médicament, le degré d'impressionnabilité du malade. Toute division est bien choisie quand elle guérit sans aggraver. Chacun suit en cela la règle de son expérience ; la nôtre, et celle de nos maîtres, nous a enseigné à adopter les basses et parfois très-basses dilutions dans les cas aigus, les moyennes et plus élevées dans les maladies chroniques.

On sait que, pour pouvoir être impressionné, l'organisme n'a pas besoin de moyens bien matériels ni bien apparents. Le miasme qui engendre la peste, le typhus, le choléra, la fièvre jaune, etc., échappe à nos plus minutieuses investigations ; les épidémies de variole, de rougeole, de scarlatine, se propagent sans qu'on puisse saisir le principe de leur communication : pourquoi tant s'étonner qu'on puisse leur opposer des agents médicamenteux dont la ténuité est encore loin de l'immatérialité de leurs causes. Il ne faut pas d'ailleurs perdre de vue que, chez les malades, l'économie se trouve dans un état d'impressionnabilité et de réceptivité assez particulier pour que les médicaments les plus atténués la puissent alors aisément impressionner.

Pourquoi l'homœopathie n'a pas encore l'approbation des corps savants.

Mais, si l'homœopathie est une vérité, si elle constitue une réforme aussi complète qu'avantageuse dans l'art de guérir, pourquoi n'a-t-elle pas reçu

l'approbation de l'Académie et des corps savants?
A cette question nous répondrons que toute vérité,
pour s'établir, demande un long temps d'épreuve
et de lutte ; qu'elle ne fait son chemin qu'avec peine
dans le monde où elle rencontre pour adversaires
naturels ceux qui, vivant des erreurs de la veille,
sont menacés dans leur crédit et leur fortune par
la vérité du lendemain.

« Les savants, a dit Alexandre Dumas, ont com-
« mencé par tout nier : ils ont nié l'Amérique, ils
« ont nié le mouvement de la terre, ils ont nié la
« circulation du sang, ils ont nié la vaccine, ils
« ont nié la puissance de la vapeur.

« Et Christophe Colomb a répondu en découvrant
« l'Amérique, Galilée en prouvant que c'est la terre
« qui tourne, Hervey en faisant reconnaître son
« système par le monde entier, Jenner en tuant la
« petite vérole, Fulton en faisant marcher les ba-
« teaux à vapeur. »

Les savants peuvent nier l'homœopathie ; mais
Hahnemann leur a répondu en démontrant la vérité du principe des semblables et en prouvant
l'action des doses infinitésimales.

Ses droits à la confiance publique.

Malgré les efforts intéressés de nos adversaires, qui ne tendraient à rien moins qu'à faire considérer la médication homœopathique comme une rêverie et ceux qui se livrent à son application comme des charlatans ou des insensés, la grande vérité de Hahnemann a déjà presque fait le tour de monde. Partout où elle s'est montrée, elle a pris droit de domicile et a reçu les plus imposantes adhésions. Naguère partage exclusif de quelques intelligences d'élite, ses bienfaits s'étendent aujourd'hui à toutes les classes de la société. A Paris, l'administration des hôpitaux elle-même, s'élevant au-dessus des récriminations de l'école rivale, n'a pas craint d'ouvrir ses pieux asiles à l'application des doctrines de Hahnemann[1].

[1] Il y a à Paris, depuis huit ans, ce qui existait déjà depuis un plus long temps dans les principales capitales de l'Europe, un hôpital où l'on traite dans un service spécial et d'après la méthode homœopathique les malades que l'administration y envoie. Moins de décès, moins de jours de maladie et moins de frais : tel a été le résultat de l'enquête qu'a fait faire M. le directeur de l'assistance publique dans le service de M. le docteur Tessier, d'abord à l'hôpital Sainte-Marguerite et en dernier lieu à l'hôpital Beaujon.

Examen critique des trois principaux moyens appliqués par l'allopathie au traitement des maladies des yeux :
1° Les émissions sanguines ;
2° Les révulsifs ;
3° Les applications topiques.
Pourquoi l'homœopathie les rejette tous les trois.

1° DES ÉMISSIONS SANGUINES.

Saignées, sangsues, scarifications.

De tous les moyens auxquels la médecine oculaire recourt habituellement, la saignée est un des plus usités. Ce n'est pourtant pas quand le malade a besoin de toutes ses forces pour triompher de la maladie qu'il faut songer à le débiliter. Aussi n'est-ce pas d'aujourd'hui que s'instruit le procès de la saignée, ce meurtre commencé, auquel tout médecin digne de ce nom doit toujours à regret soumettre son malade, et qui reste sans excuse quand il a les moyens de le guérir sans le pratiquer.

Un des grands bienfaits de la médication d'Hahnemann a été d'apprendre aux médecins à guérir les malades sans le secours de la saignée, même dans les cas où l'ancienne médecine ne croyait pouvoir sauver les malades qu'au prix de cette spoliation. Ainsi les congestions viscérales les plus graves et les plus actives, telles que la fluxion de poitrine, l'inflammation du cœur, du cerveau, etc., sont aujourd'hui bien plus avantageusement traitées sans la saignée, au moyen de médicaments homœopathiques à ces affections, qu'elles ne l'ont jamais été avec elle. La saignée se trouve ainsi rayée des procédés habituels de la thérapeutique, pour être reléguée aux cas bien rares où l'urgence de secours, en présence de la gravité du mal, ne permet pas d'attendre l'effet des médicaments dynamiques. Cette règle est générale, et il n'y a aucune raison d'en excepter les ophthalmies les plus intenses, les amauroses congestives et la plupart des affections oculaires dont, avec l'homœopathie, nous savons triompher sans recourir à son emploi.

L'indication qui résulte d'une fluxion sanguine n'est pas, d'ailleurs, la déplétion, mais le déplacement. On la remplit en en modifiant l'état dont la fluxion n'est que le symptôme. Ce n'est pas en retirant une partie de l'eau d'un vase qu'on fait cesser son ébullition, mais en l'éloignant du feu. La lancette ne peut atteindre le principe du mal, car il a son siége dans l'organisme tout entier. La méthode des saignées coup sur coup jugule bien mieux le ma-

lade que la maladie. Pour un soulagement momen-
tané que peut procurer la saignée, elle laisse pendant longtemps le patient dans un état de langueur
et de débilité, et lui prépare, dans un avenir prochain, de fréquentes récidives. Mais, si, dans les cas
aigus, et à défaut d'une meilleure médication, elle
peut trouver son excuse, il n'en est pas de même
dans les affections chroniques où elle ne sert qu'à
fixer le mal et à le rendre incurable. Combien d'a-
mauroses commençantes ont dû d'être confirmées à
la saignée ou même à une seule application de sangsues ! En favorisant le retour des congestions, la saignée en appelle bientôt de nouvelles, et conduit
dans peu à l'épuisement du malade sans tarir les
sources de la maladie.

Quant aux applications de sangsues et aux *scarifications*, nous ne saurions les approuver en présence de moyens qui nous permettent de nous en
passer. Appliquées en grand nombre, les sangsues
ont tous les inconvénients de la saignée ; placées en
petite quantité et près du siége du mal, elles ne font
que congestionner davantage l'organe affecté. Ce
n'est qu'en les appliquant dans un lieu éloigné et
en petit nombre, qu'elles peuvent déterminer une
révulsion favorable plutôt qu'une utile déplétion.

Les *scarifications* du globe oculaire ou de la face interne des paupières, dans le but d'opérer une saignée locale, ne sont qu'une barbarie inutile, une véritable parade chirurgicale, qui n'effraye pas seulement les malades, mais qui ajoute encore gratuitement à la gravité du mal, par la vulnération d'un organe déjà lésé et endolori.

2° LES RÉVULSIFS.

La révulsion cutanée : vésicatoires, cautères, sétons.

Fondée sur le principe que deux fluxions sanguines ne peuvent pas s'établir simultanément dans l'économie sans se modifier et même se détruire; la méthode dite révulsive, toujours insuffisante quand elle est employée seule, peut, dans certains cas, se combiner utilement avec les agents dynamiques que l'homœopathie possède. Mais la révulsion ne doit être appliquée que secondairement et ne jamais être exercée à l'aide de moyens médicamenteux capables de nuire à l'action des agents homœopathiques, confiés à l'absorption des premières voies. Ce n'est guère que dans les maladies chroniques qu'elle trouve son emploi, la congestion, dans les cas aigus, ne pouvant être dominée par la révulsion, quelque énergique qu'elle puisse être : son usage, dans ce cas, ne ferait qu'ajouter à l'irritation générale du sujet.

Mais, en toutes circonstances, les procédés doivent être anodins et adaptés à la susceptibilité et à la force réactionnelle du sujet. Employés à contre-temps ou en excès, ils développent la fièvre et sollicitent une réaction continue, sous l'influence de laquelle l'économie s'use, s'affaiblit et finit par succomber.

La révulsion, qui provoque la sortie permanente d'humeurs sanieuses ou séreuses, comme dans les *vésicatoires* à demeure, conduit à l'épuisement et produit, à la longue, un marasme général ou local.

Les révulsifs suppuratoires, comme les *cautères* et les *sétons*, sont souvent dangereux par la résorption purulente qu'ils peuvent produire, et par l'altération consécutive du sang à laquelle ils prédisposent le malade.

Mais nous avons appris dès longtemps le parti qu'on peut tirer des *vésicatoires volants* promenés autour des orbites dans certaines amauroses où nous avions épuisé, sans succès, les médicaments internes les mieux indiqués.

La révulsion sur le tube digestif : purgatifs.

Sauf le cas de matières indigestibles ou indi-
gérées qu'il faut évacuer de l'intestin, les *purgatifs*
ne sauraient prouver leur emploi dans un traitement homœopathique bien dirigé. Dans toute autre
circonstance, ils nuisent, en déterminant une éva-
cuation forcée et morbide. Les fluides qu'ils expul-
sent ne sont pas, comme le croit le vulgaire, des
humeurs peccantes dont l'économie se débarrasse,
mais une sécrétion nouvelle et anormale produite
sur l'intestin par la substance médicamenteuse.
Comme révulsifs, les purgatifs ont, sans aucun
doute, une valeur réelle; mais l'homœopathie les
repousse, parce qu'elle sait s'en passer, et que leur
emploi peut offrir des dangers par l'irritation
intestinale qu'ils font naître. Mais, parmi les
médicaments donnés à titre de purgatifs, il en
est qui, étant spécifiques à certaines affections,
l'émétique et le mercure, par exemple, peuvent
conduire directement à la guérison. Ce sont là de
véritables cas de médication homœopathique, dans
lesquels le succès tient à la nature du médicament

lui-même et à son effet dynamique, mais non à sa vertu purgative.

3° DES APPLICATIONS TOPIQUES.

Collyres, pommades, apozèmes.

Imbus des fausses doctrines de la localisation des maladies, les médecins oculistes, et le public avec eux, ne comprennent pas qu'on puisse traiter-les affections de l'œil sans le secours des applications topiques. Ils oublient que, la plupart de ses lésions étant sous la dépendance de l'état général du sujet, la meilleure manière de les combattre, c'est d'agir directement sur l'organisme tout entier par une médication interne, appropriée à l'ensemble des symptômes morbides. Les applications topiques qui, bien à tort, font la base de la médication oculaire, n'en doivent être que l'accessoire et l'exception. Elles ne trouvent leur place que quand la médication interne et régulière est d'un effet incertain ou trop éloigné. Nous savons par expérience que, dans plusieurs affections chroniques de l'œil, il est des médicaments qui agissent mieux et plus vite, employés par application externe, *loco dolenti*, en même temps qu'ils sont confiés à l'absorption des premières voies ; mais il faut pour cela que les surfaces où on les applique ne soient pas dans un état d'altération qui s'oppose à l'absorption, ou qui puisse donner lieu à une fâcheuse aggravation.

Les topiques trouvent encore leur place quand la cause sous l'influence de laquelle la lésion s'est développée a cessé de subsister, et que la maladie de l'œil est au reste de l'organisme ce que serait une épine dans un point de l'économie, une opacité de la cornée, par exemple, succédant à une ophthalmie complétement éteinte et dont les causes ont cessé, ou bien quand la cause, purement locale à son origine, n'a pas de retentissement sur le reste de l'organisme, comme dans une simple blessure de l'œil.

Que de maux dénaturés et aggravés, que de cornées rendues opaques, de cécités consommées par l'application de ces moyens mécaniques banalement employés ! Messieurs les spécialistes semblent trop ignorer que, dans les affections en apparence les plus chirurgicales, la médecine domine tout, et qu'en dehors de ses vrais principes il n'y a que regrets à attendre et revers à déplorer.

Des médicaments homœopathiques applicables au traitement des maladies des yeux. — Pathogénésie oculaire et indications cliniques des cinquante plus usités.

Les causes susceptibles d'impressionner un organe aussi complexe et aussi délicat que l'œil, les réactions pouvant leur être consécutives, sont si multipliées et si diverses, que, dans la variété des ressources dont l'homœopathie dispose, il serait trop long d'indiquer tous les médicaments applicables à la guérison des lésions oculaires. Nous nous bornerons à parler de ceux qui, en raison des symptômes morbides qu'ils sont aptes à produire, et des nombreuses épreuves cliniques auxquels ils ont été soumis, se recommandent plus particulièrement dans la thérapeutique des maladies des yeux.

Aconitum. Un des antiphlogistiques les plus puissants dont l'homœopathie dispose et qui supplée à la saignée dans la plupart des cas où celle-ci a pour mission spéciale de conjurer l'état inflammatoire. Il convient au début de presque toutes les

ophthalmies, et, quand il ne suffit pas à la guérison,
il prépare l'action d'autres médicaments qui vien-
nent la compléter. Les ophthalmies congestives avec
fièvre, celles dans lesquelles il y a d'excessives
douleurs, la conjonctivite aiguë avec sensation de
grains de sable ou de picotements dans les yeux,
la photophobie excessive, le phlegmon imminent
de l'œil, le chalazion aigu, la congestion rétinienne
et l'amblyopie amaurotique congestive, tels sont
les symptômes morbides qui réclament le plus
particulièrement son emploi.

Anacardium. Dans l'amblyopie amaurotique
avec céphalalgie, faiblesse de l'esprit et de la mé-
moire, à la suite d'excès de travaux intellectuels
ou d'abus de plaisirs vénériens; dans l'amblyopie
à la suite de désordres dans les voies digestives
chez les personnes mélancoliques ou hypocondria-
ques; dans la myopie, la presbyopie, l'irritation
rétinienne avec photophobie et spectres oculaires.

Antimonium tartaricum. Dans la blepharoph-
thalmie concomitante de désordres gastriques,
l'ophthalmie abdominale, la conjonctivite liée à
une congestion cérébrale chronique dans l'amaurose, avec ramollissement cérébral.

Arnica. Dans les ophthalmies traumatiques, par contusions, coupures, piqûres, déchirures, les hémorragies oculaires, la conjonctivite, suite de larmes abondantes ; les ecchymoses et sugillations sous conjonctivales, consécutives ou spontanées; dans l'amaurose liée à une congestion, une hémorragie ou un ramollissement cérébral.

Arsenicum. — Dans les affections oculaires des personnes épuisées et nerveuses ou à constitution lymphatique avec disposition aux écoulements séro-muqueux, aux hydropisies, aux éruptions cutanées, ulcérations; dans l'eczéma des sourcils; la conjonctivite aiguë avec fièvre, céphalalgie intense, photophobie excessive ; dans l'œdème des paupières; l'hydropthalmie, les douleurs brûlantes des yeux; l'injection vive de la conjonctive; la coloration ictérique des globes; la kératite scrofuleuse avec pannus; les ulcérations de la cornée; les névralgies oculaires; l'ophthalmie intermittente; dans l'amaurose par ramollissement cérébral.

Aurum. — Dans les ophthalmies syphilitique, mercurielle et scrofuleuse; dans l'exostose, l'ostéite et la carie des os de l'orbite; la fistule lacrymale, l'orgéolet chez les sujets scrofuleux; les névralgies de l'œil, l'ophthalmie liée à une maladie du cœur ou à des désordres utérins; l'amblyopie congestive.

Baryta carbonica. — Dans les affections oculaires, chez des sujets à faiblesse physique et nerveuse, principalement chez les enfants et les vieillards. Dans les blépharo-conjonctivites avec éruptions dartreuses à la face ou à la tête; dans les kystes des paupières, les névralgies de l'œil avec prosopalgie; dans l'ophthalmie scrofuleuse avec pustules ou ulcérations de la cornée; la blépharite glandulaire, les excoriations des angles de l'œil; dans l'amblyopie des vieillards et l'amaurose survenue chez eux à la suite d'apoplexie.

Belladona. — Ce puissant agent médicamenteux, que la médecine allopathique oculaire n'emploie qu'à l'extérieur en collyres et en pommades, mais dont l'usage interne et à doses homœopathiques combat très-avantageusement les affections oculaires avec congestion cérébrale ou grande irritation nerveuse, convient surtout aux personnes d'un tempérament lymphatique ou sanguin avec disposition aux inflammations glandulaires et flegmoneuses, trouve son emploi dans les ophthalmies scrofuleuse et rhumatismale; le flegmon oculaire; l'inflammation de la glande lacrymale; celle des glandes de Meïbomius; les mouvements convulsifs et les névralgies de l'œil; la paralysie des paupières; le strabisme intermittent; les conjonctivites aiguës avec larmoiement abondant et photophobie intense, grande céphalalgie; dans la sclérotite, la kératite, l'iritis, la presbyopie, l'amblyopie amaurotique, les hallucinations de la vue.

Bryonia. — Dans les affections oculaires, chez des hommes adultes d'un tempérament bilieux ou nerveux, d'un caractère emporté avec disposition aux affections des membranes séreuses et muqueuses et aux congestions sanguines; dans les ophthalmies rhumatismale et arthritique; la blépharo-conjonctivite; la sclérotite; le gonflement douloureux des globes et des paupières; les ophthalmies liées à des désordres gastriques et à des digestions difficiles; l'orgéolet; le chalazion; la presbyopie; l'amblyopie congestive.

Calcarea. — Dans les affections oculaires, chez des personnes lymphatiques avec disposition à l'obésité, aux éruptions cutanées ou d'une constitution faible et d'une nutrition maladive; dans les ophthalmies scrofuleuses; ·l'ophthalmie catarrhale chronique; la blépharo-conjonctivite; les ulcérations des glandes de Meïbomius; l'agglutination nocturne des paupières; les granulations de la conjonctive, la kératite pustulaire, l'ulcération pellucide de la cornée; la pustule lacrymale; les tumeurs fongueuses de l'œil; la presbyopie; l'amblyopie amaurotique par faiblesse nerveuse.

Carbo vegetabilis. — Dans l'amblyopie par abus de la fonction visuelle ou à la suite de maladies longues et débilitantes; dans la myopie et les hémorragies oculaires.

Causticum. — Dans les ophthalmies rhumatismale et scrofuleuse, la blépharite glandulaire, la conjonctivite pruriante, les verrues des sourcils et des paupières, la cataracte sénile; dans l'amblyopie amaurotique avec congestion vers la tête ou état paralytique du malade.

Chamomilla. — Dans l'ophthalmie par refroidissement ou cause arthritique, se bornant à la conjonctive avec sécrétion muqueuse abondante; l'ophthalmie des nouveaux nés ou sé liant à la dentition; le blépharo-spasme et les yeux convulsés.

China dans l'ophthalmie intermittente, dans celle avec fièvre, dans l'ophthalmie scrofuleuse, particulièrement en cas de kératite et d'obscurcissement de la cornée; dans la conjonctivite avec céphalalgie et bourdonnements d'oreille; dans l'œdème des paupières inférieures, l'hydrophthalmie; dans l'amblyopie, après des pertes débilitantes, d'hémorragies, abus du coït ou par suite d'excès alcooliques.

Cicuta virosa dans les affections convulsives et spasmodiques des yeux, la conjonctivite avec éruptions suppurantes de la tête ou du visage, l'amblyopie avec vertige, l'amaurose cérébrale.

Cocculus dans l'ophthalmie rhumatismale avec douleurs sécantes dans les yeux, la conjonctivite avec céphalalgie à la suite d'un refroidissement, les névralgies oculaires dues à des contrariétés, dans l'amaurose avec état paralytique.

Colchicum dans l'ophthalmie rhumatismale et arthritique, l'œdème des paupières inférieures, douleurs pressives dans les yeux, l'hydrophthalmie, l'amblyopie par fatigue nerveuse et travaux nocturnes.

Conium maculatum dans les affections oculaires

liées à un état cachectique; dans l'ophthalmie scrofuleuse, la conjonctivite pruriante, la conjonctivite
chronique des vieillards, la kératite avec pannus,
les taches de la cornée, la cataracte par commotion
ou blessure, l'amblyopie avec maux de tête déchi-
rants, l'amaurose avec cachexie et marasme, les
tumeurs malignes du globe ou des paupières, l'encéphaloïde de la rétine.

Digitalis dans l'ophthalmie catarrho-rhumatis-
male; l'inflammation de la conjonctive avec renversement des paupières (ectropion); la sclérotite,
l'hypersécrétion de la glande lacrymale ; l'œdème
des paupières inférieures ; l'hydrophthalmie ; l'inflammation de la membrane hyoloïdienne et celle
de l'humeur aqueuse; l'hydropisie sous-rétinienne;
l'héméralopie, les illusions de la vue, l'amaurose
par suite d'une affection du cœur.

Drosera dans l'ophthalmie catarrhale avec affection des voies aériennes; l'ophthalmie morbilleuse
ou pendant le cours d'une coqueluche; dans la
presbyopie.

Dulcamara. Dans l'ophthalmie, à la suite d'un
refroidissement par courant d'air ou de l'humidité,

la conjonctivite catarrhale ; la sclérotite rhumatismale ; l'ophthalmie scrofuleuse ; la blépharite
ciliaire.

Euphrasia. L'un des plus utiles médicaments
que l'homœopathie possède dans les ophthalmies
catarrhale, rhumatismale et scrofuleuse. Il trouve
plus particulièrement son application dans la blépharo-conjonctivite catarrhale, avec sécrétion abondante de mucosités, larmoiement intense, coryza
très-fluent, photophobie extrême ; dans les éruptions eczémateuse ou miliaire des paupières, ou
autour des yeux ; dans la kératite scrofuleuse, les
taches de la cornée, l'ophthalmie des nouveaux-nés.

Ferrum. Dans l'œdème des paupières, l'hydrophthalmie, l'amblyopie amaurotique, à la suite
de pertes débilitantes ou liée à un état chloro-
anémique.

Graphites. Dans l'ophthalmie scrofuleuse ou liée
à un état psorique, avec éruption à la face, croûtes
dans la tête ; la conjonctivo-blépharite avec inflammation et ulcération du bord libre des paupières ;
l'orgéolet, les pustules et les ulcérations de la
cornée.

Hepar sulfuris. Dans les ophthalmies scrofuleuse,

catarrhale et exanthématique ; dans l'ophthalmie arthritique affectant les tissus les plus profondément situés ; la psorophthalmie avec prurit extrême du bord libre des paupières ; le gonflement des glandes de Meïbomius, qui sécrètent abondamment ; la photophie, les phlyctènes de la conjonctive cornéenne, les douleurs brûlantes des paupières avec rougeur sur leurs deux faces ; l'épiphora ; l'agglutination nocturne des yeux dans la kératite chronique.

Hyoscyamus. Dans les affections des yeux, par suite de convulsions, spasmes cloniques ou surexcitation nerveuse ; dans le strabisme ; l'occlusion spasmodique des paupières ; les yeux fixes ou vulsés ; les obnubilations avec vertiges ; les illusions et hallucinations de la vue : diplopie, chrupsie, héméralopie, nyctalopie ; les congestions cérébro-oculaires ; l'amaurose liée à un état paralytique.

Ignatia amara. Dans les affections oculaires chez les personnes sensibles et nerveuses, disposées à la tristesse, ou ayant éprouvé des chagrins concentrés ; les douleurs de tension dans les globes avec mal de tête pressif au front et à l'occiput ; les yeux rouges et gonflés ; dans la blépharo-conjonctivite à la suite de larmes abondantes ; les yeux fixes ou vulsés; l'irritation de la rétine; la photophobie et la vue nébuleuse.

Iodium. Dans l'ophthalmie scrofuleuse, mercurielle et syphilitique ; dans les taches de la cornée et de la capsule cristallinienne, l'iritis rhumatismal.

Lachesis convient aux affections des personnes maigres, épuisées, cachectiques; dans les ophthalmies scrofuleuse, syphilitique ou hydrargyrique; la kératite chronique, les ulcères persistants de la cornée.

Lycopodium. Dans les affections de l'œil chez des sujets atteints d'écoulement des muqueuses ou d'éruptions chroniques; dans l'ophthalmie catarrhale invétérée ; l'ophthalmie scrofuleuse, la fistule lacrymale ; l'épiphora ; la blépharite glanduleuse, les ulcérations du bord libre des paupières ; les ulcérations de la cornée ; l'amblyopie amaurotique par cause d'épuisement.

Mercurius constitue à lui seul la presque totalité du traitement médicamenteux de l'allopathie, qui y recourt largement et sous toutes les formes, dans la plupart des maladies de l'œil. Les dangers

que son usage à doses massives ou longtemps
continuées entraîne à sa suite font pourtant une
loi de n'y recourir qu'alors qu'il est positivement
indiqué, et toujours aux doses les plus minimes.
Il convient surtout à la période éréthistique des
affections oculaires; dans les ophthalmies rhumatismale, catarrhale, scrofuleuse et syphilitique;
dans l'affection des glandes de Meïbomius; la blé-
pharo-ophthalmie; les ulcérations du bord libre
des paupières; l'orgéolet; les maladies des voies
lacrymales; dans la photophobie; les ulcères de la
cornée; les ophthalmies avec céphalalgie nocturne
ou liées à des névralgies faciales et dentaires;
dans l'amaurose de cause syphilitique, arthritique
et rhumatismale.

Nitri acidum. Dans les affections oculaires des
personnes d'une constitution faible ou nerveuse,
avec disposition à des écoulements muqueux; dans
la carie orbitaire ou du canal nasal; dans l'inflammation de la glande lacrymale; la fistule lacrymale;
les verrues des paupières; l'ophthalmie rhumatismale chronique; l'ophthalmie syphilitique ou par
abus de mercure; la blépharite ciliaire; l'eczéma
des paupières; la kératite pustulaire; les ulcères et

et les taches de la cornée; l'amblyopie amaurotique
par grande excitation ou faiblesse nerveuse.

Nux vomica trouve son emploi dans l'ophthalmie
catarrhale et scrofuleuse; dans la première période
de l'ophthalmie rhumatismale, son action semble
porter particulièrement sur la conjonctive oculaire
caractérisée par une rougeur indolente des angles
de l'œil; dans l'ecchymose sous-conjonctivale après
l'emploi de l'arnica, dans l'ophthalmie abdominale
et la céphalalgie concomitante; dans l'amblyopie
amaurotique par suite de l'abus des travaux intellectuels, des veilles prolongées, de l'excitation
nerveuse ; dans celle causée par des excès alcooliques, ou bien par la suppression du flux hé-
morroïdal.

Opium. S'applique particulièrement aux affections récentes et congestives des yeux ; aux ophthalmies chez les vieillards menacés de paralysie; dans
les congestions brusques cérébro-oculaires; dans la
conjonctivite avec céphalalgie intense ou grande
injection des vaisseaux; dans le phtosis; l'occlusion
spasmodique des paupières ; la vulsion des globes;
dans l'iritis franchement inflammatoire ; dans le
myosis consécutif ou dû à une rétinite ; dans l'am-

blyopie congestive ; dans la cataracte avec symptômes inflammatoires.

Platina. Dans les affections oculaires des sujets nerveux et irritables ; chez les femmes atteintes d'affections utérines chroniques ; dans les affections spasmodiques des yeux, le clignotement des paupières, les yeux vulsés ; dans les névralgies oculaires avec céphalalgie, douleurs circumorbitaires ; dans l'amblyopie par épuisement, suite de fatigues de la vue ou d'abus des organes sexuels ; les hallucinations de la vue.

Phosphorus. Dans les affections des yeux chez des sujets à constitution délicate ou affaiblis par des maladies longues ; dans les ophthalmies arthritiques et rhumatismales chroniques ; l'ophthalmie catarrhale ancienne ; l'ophthalmie scrofuleuse ; les ulcères anciens de la cornée ; l'orgéolet ; le catarrhe du canal nasal ; l'œdème des paupières inférieures ; la cataracte glauco-maleuse ; l'amblyopie amaurotique par suite de congestions cérébrales chroniques, de pertes débilitantes ou d'excès vénériens.

Pulsatilla. Convient à presque toutes les ophthalmies, particulièrement à celles qui coexistent avec une affection des muqueuses; dans les congestions passives de l'œil et en particulier de la choroïde; dans les ophthalmies rhumatismale, arthritique, scrofuleuse; dans l'ophthalmie morbilleuse; dans les affections oculaires liées à un désordre des fonctions de la menstruation ou des voies digestives; dans la blépharo-conjonctivite; l'orgéolet; la choroïdite; l'ophthalmie avec céphalée et douleurs névralgiques de la face ou des nerfs dentaires; les maladies des voies lacrymales; la cataracte; l'amblyopie amaurotique, suite de travaux à la lumière; la fatigue de la vue chez les jeunes sujets.

Rhus toxicodendron. Dans les affections de l'œil, à la suite de froid humide ou de rhumatisme avec gonflement des parties intéressées, d'érysipèle vésiculeux ou de congestions à la tête, avec fourmillement et paralysie, pesanteur des paupières, mouvements douloureux des globes; dans l'ophthalmie scrofuleuse ou psorique; dans la conjonctivite pruriante; la blépharite glandulaire; l'eczéma des paupières et des sourcils; les verrues de l'œil; les ophthalmies avec éruptions impétigineuses de la face ou du cuir chevelu; le flegmon de l'œil; la

conjonctivite érysipélateuse; l'amblyopie congestive
et l'amaurose consécutive à l'apoplexie.

Ruta. Dans l'ophthalmie des vieillards ; l'ophthalmie rhumatismale avec douleurs concomitantes dans les petites articulations ; la conjonctivite
arthritique avec larmoiement au grand air ; les
spasmes des paupières ; l'amblyopie amaurotique
par suite de travaux fins ou de lectures prolongées
à la lumière artificielle.

Senega. Dans l'ophthalmie catarrho-rhumatis-
male, avec sécrétion abondante de mucosités et affection concomitante des membranes séreuses et
muqueuses, avec sensation de plénitude des globes
oculaires; dans l'hydrophthalmie; le gonflement des
paupières; la xérophthalmie; la congestion oculaire
passive; l'épiphora au grand air ou dans la fixa-
tion des objets ; la photophobie ; l'amblyopie.

Sepia. Dans les affections oculaires des personnes
nerveuses à constitution délicate, des femmes hys-
tériques ou sujettes à des désordres de la menstruation; les ophthalmies dues à un état psorique ; dans
la blépharo-conjonctivite chronique avec ulcérations
du bord libre des paupières ; les ophthalmies avec

migraines habituelles ; l'ophthalmie scrofuleuse avec photophobie; la conjonctivite pustulaire ; l'orgéolet, la paralysie incomplète des paupières ; la choroïdite; l'amblyopie amaurotique.

Silicea. Dans les lésions oculaires chez des sujets atteints de rhumatisme ou de goutte chronique; dans l'orgéolet; le chalazion; l'abcès du grand angle; le fongus hématode de l'œil; la conjonctivite avec ulcération des glandes de Meïbomius, agglutination nocturne des paupières, douleur et rougeur des angles de l'œil; dans l'inflammation de la caroncule lacrymale; l'épiphora; les tumeurs; dans la fistule lacrymale; la kératite avec épanchement et ulcérations de la cornée, l'onyx, l'hypopion; dans la perte de transparence du cristallin ; les taches sur la capsule; la presbyopie et l'amblyopie amaurotique.

Spigelia. Dans les ophthalmies rhumatismale et arthritique avec céphalalgie et névralgies oculaires intermittentes ou continues ; l'injection légère des vaisseaux de la sclérotique, les douleurs brûlantes, déchirantes ou lancinantes des globes oculaires, avec sensation de plénitude de l'œil. Ce médicament prévient le glaucome, si fréquent à la suite de l'ophthalmie rhumatismale et arthritique, en vertu de l'action qu'a cette affection sur la membrane hyaloïde; dans l'iritis rhumatismal; dans l'amblyopie avec douleurs névralgiques insupportables pendant l'exercice de la vision ou après s'être fatigué la vue.

Staphysagria. Dans les ophthalmies avec éruptions croûteuses de la face ou de la tête; la psorophthalmie; l'ophthalmie scrofuleuse; les éruptions sur les paupières ou autour des yeux; les ulcérations des glandes de Meïbomius; les névralgies oculaires avec prosopalgie; les blessures de l'œil par un instrument tranchant.

Stramonium. Dans les affections spasmodiques des yeux, le strabisme par suite de convulsions, les mouvements spasmodiques des globes oculaires, les blépharo-spasmes; dans la chute et la paralysie des paupières; l'amblyopie amaurotique; les illusions de la vue, visions et hallucinations, héméralopie, nyctalopie, chrupsie, spectres oculaires, mouches volantes et étincelles lumineuses; dans l'amaurose éréthistique ou à la suite de congestion cérébrale.

Sulfur s'applique principalement aux affections oculaires des personnes disposées à des éruptions dartreuses, des engorgements glandulaires; à celles de constitution faible et épuisée avec disposition aux flux des muqueuses et aux refroidissements. Il convient dans presque toutes les affections chroniques de l'œil, surtout des paupières et des membranes les plus externes de l'œil, la blépharite, la blépharo-conjonctivite, l'orgéolet, le chalazion ; dans les ophthalmies catarrhale et scrofuleuse ; la kératite pustulaire ; les suffusions et les taches de la cornée ; la myopie ; la presbyopie ; l'amblyopie amaurotique.

Veratrum album. Dans les ophthalmies liées à des souffrances rhumatismales ou à des états convulsifs et spasmodiques, avec angoisse, prostration ; dans les névralgies oculaires intenses ; les douleurs vives des globes avec céphalalgie nocturne ; les spasmes oculaires ; les yeux vulsés ou proéminents ; la paralysie et l'œdème des paupières ; la xérophthalmie ; dans l'amblyopie amaurotique, les illusions et hallucinations de la vue, la cécité intermittente.

Zincum. Dans l'ophthalmie catarrhale simple ou blennorrhagique ; la blépharite chronique ; la conjonctivite pruriante ; les névralgies oculaires avec douleur de pression dans les globes ; la sécheresse de l'œil (xérophthalmie) ; la chute et la paralysie des paupières ; l'amblyopie amaurotique, les spectres oculaires.

Du traitement des ophthalmies.

On comprend, sous le nom d'*ophthalmies*, les affections réputées inflammatoires du globe de l'œil et de ses annexes. Quelquefois simples, comme lorsqu'il s'agit d'une blessure, elles sont presque toujours liées à des causes générales ou à des désordres fonctionnels inhérents à l'économie.

Une congestion sanguine annoncée par l'injection plus ou moins intense des membranes de l'œil, un accroissement de chaleur et de sensibilité, sont les signes principaux qui les caractérisent.

Même après avoir atteint le plus haut degré d'intensité, les ophthalmies peuvent se résoudre complétement sans autres symptômes. Souvent aussi elles donnent naissance à des extravasations de sang ou de lymphe qui se coagulent, déterminent des adhérences entre les tissus, font naître de la suppuration, des cicatrices, des ulcérations, des granulations, et même la gangrène. Comme conséquence, ces phénomènes morbides peuvent produire l'opacité de la cornée, l'insensibilité de la rétine, le changement de forme de l'œil, son hypertrophie ou son atrophie, son induration ou son ramollissement.

A la différence de l'ancienne médecine, qui combat toutes les ophthalmies en s'appuyant à peu près exclusivement sur le trépied thérapeutique formé par les émissions sanguines, les révulsifs et les applications topiques, la méthode homœopathique, prenant en considération l'ensemble des symptômes et leur cause génératrice, choisit dans un grand nombre de médicaments aussi variés dans leurs effets que précieux par leur action dynamique un moyen en quelque sorte spécifique à chaque cas donné. Individualisant chaque espèce morbide, on peut dire qu'elle a autant de traitements différents qu'il y a de cas d'ophthalmies. Ainsi elle emploie:

Dans les *ophthalmies aiguës*, plus particulièrement par ordre de fréquence et selon les cas : aconitum, belladona, mercurius, pulsatilla, nux vomica, chamomilla, euphrasia, antimonium, dulcamara, aurum, arnica, ignatia, nitri acidum, spigelia, veratrum.

Et dans les *ophthalmies chroniques* : sulfur, arsenicum, china, conium, phosphorus, silicea, sepia, colocynthis, baryta, hepar, ferrum, digitalis, lycopodium, thuya, senega, staphysagria, graphitis, natrum, petroleum, lachesis, ledum.

Dans l'*ophthalmie traumatique* ou par cause vulnérante : arnica, rhus, aconitum, belladona, bryonia.

Dans l'*ophthalmie congestive* : aconitum, belladona, nux vomica, spiritus nitri, aurum.

Dans l'*ophthalmie érysipélateuse* : belladona, rhus.

Dans l'*ophthalmie purulente* : mercurius, hepar, sulfur, phosphorus.

Dans l'*ophthalmie catarrhale* : nux, euphrasia, chamomilla, sulfur, mercurius.

Dans l'*ophthalmie rhumatismale* : aconitum, bryonia, pulsatilla, spigelia, digitalis, senega.

Dans l'*ophthalmie goutteuse* : aconitum, nux, cocculus, colocynthis, colchicum, pulsatilla, ledum.

Dans l'*ophthalmie scrofuleuse* : Arsenicum, mercurius, rhus, phosphorus, calcarea, sulfur, iodium, baryta, conium, graphites, magnesia, natrum.

Dans l'*ophthalmie blennorrhagique* : mercurius, rhus, bryonia, hepar.

Dans *l'ophthalmie syphilitique* : mercurius, aurum, nitri acidum, lachesis, kali-hydriodicum, staphysagria.

Dans *l'ophthalmie varioleuse :* mercurius, sulfur, thuya.

Dans *l'ophthalmie rubéoleuse* : belladona, pulsatilla, sulfur.

Dans celle qui est *liée à des désordres menstruels* : belladona, pulsatilla, ferrum, sepia.

Dans celle *qui dépend des désordres gastriques* : antimonium, bryonia, nux vomica, carbo vegetabilis, ignatia.

Dans celle *causée par refroidissement* : rhus toxicodendron, aconitum, dulcamara, arsenicum, chamomilla.

Dans celle *qui est due à l'abus du mercure* : hepar, nitri acidum, thuya, aurum, lachesis, lycopodium.

Dans celle *par cause sénile* : calladium, causticum, ruta, silicea, sulfur.

Dans *celle des nouveaux-nés* : aconitum, belladona, mercurius, chamomilla.

De certaines lésions consécutives aux ophthalmies.

Granulations de la conjonctive.

Les granulations de la conjonctive, suite ordinaire d'ophthalmies purulente ou catarrhale prolongées, sont l'échec de la chirurgie oculaire. Elle les soumet infructueusement, souvent pendant des années, à des excisions et à des cautérisations répétées qui n'empêchent pas leur reproduction. Causes fréquentes de kératites graves, elles peuvent déterminer, sur la cornée, des opacités qui compromettent pour toujours la vision.

Contre leur reproduction, la médication dynamique est la seule efficace. Employée avec persévérance, elle peut triompher des cas les plus rebelles. Phosphorus, lycopodium, thuya, calcarea, nitri-acidum et sulfur sont les médicaments qui répondent le mieux à ces exubérances conjonctivales, presque toujours liées à un état cachectique du sujet.

Opacités de la cornée.

Les opacités de la cornée, source féconde de cécités, sont le résultat d'une inflammation suppu-
rative ou ulcéreuse qu'on n'a pu arrêter, et qui a
souvent été aggravée par des applications topiques
inopportunes. On ne les voit presque jamais se développer à la suite d'un traitement homœopathique.
Anciennes et profondes, elles restent au-dessus des
ressources de l'art; superficielles ou récentes, elles
peuvent disparaître ou se modifier d'une manière
avantageuse, sous l'influence de médicaments appropriés. La méthode ordinaire recourt ici à des
applications locales sur la cornée, à l'effet de déterminer une phlogose nouvelle, qui, dans une chance
heureuse, puisse entraîner les produits plastiques
de l'inflammation première. Le plus ordinairement,
ces procédés ne conduisent qu'à une irritation inutile
ou dangereuse du globe de l'œil.

Pour préparer l'absorption de ces dépôts hétérogènes, qui, quelle que soit la dénomination qu'on
leur donne, *leucome*, *albugo*, *néphélion*, jettent un
voile plus ou moins épais sur la vision, il faut d'a-

bord guérir les ophthalmies concomitantes qui
persistent et récidivent, en vertu d'un vice discra-
tique du sujet, et en prévenir le retour par une
médication spécifique à l'affection. Puis on re-
courra utilement à l'emploi de nitri acidum, calcarea, silicea, cannabis, causticum et conium maculatum.

Ulcérations de la cornée.

Superficielles ou profondes, quelles que soient leur
nature et leur forme, les ulcérations de la cornée
sont toutes uniformément traitées, dans la méthode
ordinaire, par la cautérisation au nitrate d'argent.
Ce procédé ne détruit pas le vice qui les entretient,
et n'empêche pas qu'il s'en forme de nouvelles. En
admettant même la spécificité d'action de l'argent
à certaines ulcérations, c'est par ses effets dynamiques, et non par son action mécanico-chimique,
que devrait intervenir cet agent. Si, dans quelques
cas, son application topique semble favoriser la
cicatrisation des ulcères, c'est aux dépens de la
transparence de la cornée, entre les lames de laquelle son application développe un trouble plus

ou moins étendu, plus ou moins profond. Ce nuage, formé par des dépôts plastiques, conséquence de l'irritation que ce sel détermine, et aussi par la précipitation des molécules métalliques insolubles, peut persister et compromettre la vision, en frappant d'opacités particlles la membrane cornéenne. La méthode la plus rationnelle et la plus efficace de guérir les ulcérations est de traiter l'affection générale qui les entretient. Arsenicum, phosphorus, calcarea, nitri acidum, lachesis, silicea, sont les médicaments qui, selon les cas, conduisent le mieux à ce résultat.

De la myopie.

L'application précoce des yeux à des objets petits et rapprochés, source ordinaire de la myopie, n'en est pas la cause unique. On a vu parfois la myopie se manifester soudainement chez des personnes qui, peu auparavant, voyaient très-distinctement, à une distance ordinaire. Elle peut avoir, dans ce cas, pour origine un affaiblissement visuel, dû à des altérations de l'œil ou à des désordres généraux de l'organisme, qui retentissent sur l'appareil de la vision. Le développement d'une affection cérébrale, la cornée qui devient conique, l'hydropisie des chambres de l'œil, des pertes débilitantes de l'économie, l'abus des plaisirs vénériens, des hémorragies, la formation de la cataracte ou d'un glaucome, sont autant de causes qui peuvent occasionnellement la développer.

Les médicaments que l'homœopathie a employés jusqu'ici avec le plus de succès contre la myopie consécutive sont : arsenicum anacardium, carbo vegetabilis, conium maculatum, nitri acidum, ruta, phosphorus, pulsatilla et sulfur.

Dè la presbytie.

La presbytie, qui n'est due qu'aux progrès de l'âge, et qui ne marche qu'avec lenteur, est la loi de notre nature, et n'exige que des précautions hygiéniques. Mais, quand elle se déclare avant le temps, qu'elle se développe avec rapidité, elle mérite toute l'attention du médecin, car elle reconnaît, sans aucun doute, pour cause un affaiblissement de la vision, qui, dans un temps plus ou moins prochain, peut souvent conduire à l'amaurose celui qui en est atteint.

Dans ce cas, il faut soupçonner quelque dérangement des parties internes de l'œil, une compression s'exerçant à la partie postérieure du globe, ou une maladie de la partie intra-cranienne de l'appareil optique.

L'usage de lunettes à verres de plus en plus convexes, auxquelles le presbyte a l'habitude de recourir, ne fait qu'affaiblir sa vue et en précipiter la chute. Ce n'est que par une médication appropriée à son état qu'il peut espérer de ramener la presbytie à ses limites naturelles et à son cours le plus lent. Selon les cas, calcarea, drosera, carbo animalis, belladona, hyoscyamus, lycopodium, phosphorus, sepia, silicea et sulfur trouveront leur utile application contre les presbyopies anticipées ou exagérées de la vue.

Des névralgies oculaires.

Le nerf trifacial, dans les rameaux qui se distribuent au globe de l'œil, aux paupières et à la région

circumorbitaire, est souvent pris de vives douleurs.
Ces souffrances, de caractère névralgique, peuvent
apparaître dans le cours de certaines ophthalmies,
comme l'iritis goutteux, rhumatismal, syphilitique,
et alors elles cèdent au traitement dirigé contre ces
affections, dont elles ne sont que symptomatiques.
Parfois aussi ces douleurs apparaissent primitivement sans aucune lésion apparente de l'œil, seules
ou liées à des migraines, des douleurs dentaires ou
des tics douloureux de la face, et alors elles se mon-
trent souvent fort rebelles. L'opium, le fer, le china,
la belladone, que l'allopathie leur oppose, sont loin
d'en pouvoir toujours triompher. Par leur violence
et leur ténacité, ces douleurs peuvent faire le dés-
espoir des malades, qui ne trouvent même pas, dans
la section des rameaux nerveux, à laquelle ils vont
jusqu'à se soumettre, un soulagement durable ni
suffisant à leurs souffrances.

C'est surtout dans ces cas difficiles que l'homœopathie a souvent montré sa supériorité sur l'autre
médecine, et, quelles que soient l'ancienneté et l'incurabilité déclarée de ces affections, elle parvient
toujours à les guérir ou à les amender.

Les médicaments homœopathiques qui nous ont
le plus souvent réussi sont :

Dans les névralgies *liées à une cause rhumatis-male* : bryonia, colocynthis, causticum, mercurius, pulsatilla, hepar.

Dans *celles liées à une cause arthritique* : colocynthis, nux vomica, rhus toxicodendron.

Dans *celles liées à une congestion sanguine vers la tête* : aconitum, arnica, belladona, china, aurum.

Chez les personnes nerveuses, avec migraines ou tic douloureux de la face : belladona, hyoscyamus, arsenicum, nux vomica, stramonium, platina, pulsatilla, veratrum.

Après l'abus du mercure : aurum, sulfur, thuya.

Dans les névralgies *limitées au globe de l'œil*, plus particulièrement : spigelia, stramonium, elaps corallinus, conium.

Dans *celles avec douleurs dentaires* : mercurius vivus, pulsatilla, hyoscyamus.

Des tumeurs des paupières et du globe de l'œil.

Résultat d'une direction vicieuse de la nature, ces tumeurs peuvent être détruites en modifiant, par une influence médicatrice, les lois physiologiques sous l'aberration desquelles elles se sont produites.

L'ablation et la cautérisation, habituellement mises en pratique dans ces circonstances, sont loin de conduire à des résultats avantageux. Trop souvent, au contraire, ces moyens sont suivis de la reproduction du mal et de sa plus rapide extension. Le peu de succès des applications topiques, cause trop fréquente d'aggravation, a favorisé la croyance qu'il n'y avait à leur opposer que l'ablation par le bistouri ou la mortification par les caustiques ; mais, indépendamment de leurs dangers ou de leurs inconvénients, ces opérations n'empêchent pas la reproduction du tissu anomal, conséquence de l'état physiologique qui les a produites et que l'opération ne vient en rien modifier.

Mais, sous l'influence d'un traitement homœopathique suffisamment prolongé, ces tumeurs sont arrêtées dans leur développement et même parfois peuvent se résoudre. Une guérison célèbre, celle du maréchal Radetski, qui portait, à l'angle interne de l'œil, une tumeur fongueuse, condamnée à l'extirpation comme incurable, et qui fut guérie par la médication homœopathique, fit grand bruit à Milan,

vers 1842, et confondit les détracteurs de l'homœopathie.

Sans nous flatter souvent d'un pareil succès, nous
pouvons dire que les *tumeurs enkystées* cèdent parfois à l'emploi de baryta, calcarea, graphites; celles
qui siégent *dans le tissu cellulaire* exigent plus particulièrement : silicea, sulfur, calcarea; les tumeurs
érectiles : arsenicum, calcarea, lachesis, nitri
acidum.

L'*orgéolet* et le *chalazion* cèdent à : bryonia,
phosphorus, pulsatilla, staphysagria; le *furoncle*
à : aconitum, belladona, mercurius, silicea; les
verrues à : nitri acidum, calcarea, causticum, thuya;
les *tumeurs cancéreuses* des paupières et du globe de
l'œil exigent : conium maculatum, thuya, phosphorus; l'*encéphaloïde de la rétine* : carbo animalis, phosphorus, silicea.

Des maladies des voies lacrymales.

Très-communes chez les individus scrofuleux,
dartreux et syphilitiques, les affections des voies

lacrymales sont rebelles à tous les procédés chirurgicaux primitivement employés pour les combattre.
Si parfois elles paraissent s'amender sous l'influence
de quelques moyens mécaniques, c'est pour repa-
raître bientôt avec tous leurs symptômes.

Le *larmoiement* (épiphora), qu'il soit dû à l'hypersécrétion de la glande lacrymale, ou au défaut
d'absorption des points et conduits lacrymaux, réclame le concours d'une médication interne qui
diminue cette sécrétion, en faisant cesser l'hypé-
rhémie qui la produit, ou qui rende à la muqueuse
de ces parties le ressort et l'activité dont ils ont
besoin pour l'absorption.

La *tumeur lacrymale*, suite de l'inflammation et
du boursouflement de la muqueuse du *sac lacrymal*,
arrête le cours des larmes dans le canal nasal et les
fait fluer le long des joues. Les onctions médicamenteuses, les collyres auxquels la méthode ordinaire
recourt en pareil cas, ne sont pas capables de modifier les tissus au point de régulariser leur fonction
et de faire disparaître la tumeur.

La *fistule lacrymale*, résultat fréquent de la rup-
ture de la tumeur lacrymale, dont l'ouverture dégé-
nère en un ulcère calleux et étroit, indique une
maladie invétérée de la muqueuse de ce conduit ou

des parois osseux qu'elle tapisse. La dilatation par la bougie, le clou de Scarpa, etc., ne peut produire qu'une amélioration passagère, si on ne s'attaque à l'affection elle-même par un traitement médicamenteux.

Dans le *larmoiement par inflammation de la glande* : belladona, mercurius, dulcamara ; *dans celui causé par l'irritation des membranes de l'œil :* aconitum, belladona, euphrasia, hyoscyamus.

Contre la tumeur et la fistule lacrymale : sulfur, calcarea, mercurius, baryta, aurum, silicea, phosphorus et l'assa fœtida, selon les cas, l'emporteront de beaucoup sur toute la médication allopathique habituelle.

Du traitement de l'amblyopie amaurotique et de l'amaurose.

Il n'est guère de maladie qui tienne à des causes plus nombreuses et qui réclame des moyens thérapeutiques plus variés et plus persistants.

Dans le but de simplifier un traitement aussi difficile, l'école allopathique s'est efforcée de com-

prendre toutes les affections amaurotiques sous ces
deux divisions : amaurose *sthénique* et amaurose
asthénique ou torpide, afin de n'avoir à leur opposer que deux médications : celle antiphlogistique,
trouvant son expression dans les émissions sanguines,
les mercuriaux, les purgatifs; et la médication to-
nique, se traduisant par l'emploi des stimulants
internes et externes : le fer, le quinquina, les amers,
les liniments excitants sur le front et le sinciput,
les vésicatoires autour des orbites, les courants élec-
triques.

Une aussi étroite manière d'envisager l'amaurose
devait frapper d'insuccès le traitement de la plus
grande partie de ces affections, dont les causes
si diverses et les symptômes si variés ne sauraient s'accommoder d'une pareille médication;
ce qui a fait dire de l'amaurose qu'elle était l'*op-
probre de la médecine*. Il est, en effet, trop fréquent
qu'une amaurose congestive s'aggrave et se con-
firme sous le coup d'une saignée, l'antiphlogistique
par excellence de l'allopathie; et qu'une amaurose
torpide se complète par des moyens excitants, tels
que la direction d'un courant électrique amené
dans le but de stimuler la sensibilité de la rétine.

La méthode homœopathique ne procède au traitement de l'amaurose qu'en individualisant les cas d'après les causes et les symptômes morbides. Parmi les médicaments qu'elle emploie, beaucoup sont ignorés de l'ancienne médecine, et ceux-là mêmes qui lui sont communs avec elle, l'homœopathie les emploie souvent d'une façon tout opposée, en raison de la différence du principe qui la guide. Dans tous les cas, elle ne les prescrit qu'à des doses si minimes et si inoffensives, qu'elle peut continuer le traitement de la maladie pendant tout le temps nécessaire, sans crainte de nuire à l'état général du sujet.

La variété des causes et des circonstances dans lesquelles l'amblyopie amaurotique peut se produire étant infinie, nous ne pouvons indiquer tous les médicaments qui, éventuellement, sont susceptibles d'être mis en usage pour la combattre. Nous nous contenterons d'énumérer ceux qui, en rapport avec les causes et les symptômes généraux de cette affection, se présentent le plus fréquemment à notre application, ainsi :

Dans l'*amblyopie* ou *simple affaiblissement visuel* : anacardium, belladona, calcarea, cannabis, causticum, cina, crocus, lycopodium, magnesia, natrum, pulsatilla, phosphorus, ruta, sepia, sulfur.

Dans l'amaurose commençante : aurum, belladona, calcarea, causticum, china, cicuta, conium, hyoscyamus, mercurius, nitri acidum, opium, phosphorus, pulsatilla, rhus, sepia, silicea, sulfur, veratrum.

Dans l'amblyopie amaurotique *par suite de contusion* : arnica, conium, rhus;

Par *congestion sanguine vers la tête* : belladona, aconitum, hyoscyamus, nux, opium, china, calcarea, silicea, sulfur;

Liée à des céphalalgies nerveuses habituelles : belladona, nux vomica, pulsatilla, aurum, nitri acidum, sepia, hepar, calcarea, sulfur;

Par *métastase arthritique* : pulsatilla, mercurius, belladona, antimonium, rhus, spigelia, sulfur;

Par *cause rhumatismale* : pulsatilla, mercurius, aconitum, rhus, lycopodium, spigelia, sulfur;

Dans l'amblyopie amaurotique par *abus de la vision sur des travaux fins* : belladona, ruta, carbo vegetabilis, calcarea;

Par suite de *pertes débilitantes* de l'économie : china, ferrum, nux, sulfur;

Par suite d'*excès vénériens* : phosphorus, nux vomica, sepia, pulsatilla;

Par suite d'*excès alcooliques* : nux, china, arsenicum, lachesis;

Par *refroidissement et suppression de transpiration* : aconitum, belladona, dulcamara, rhus, mercurius, pulsatilla, sulfur;

Après la suppression d'un flux sanguin :

S'il est *hémorroïdaire* : nux vomica, lycopodium, sulfur;

S'il est *menstruel* : belladona, pulsatilla, sepia.

Par suite de la *répercussion d'un exanthème* : belladona, mercurius, calcarea, sulfur;

Par suite de l'*abus du mercure* : hepar, nitri acidum, aurum, belladona;

Par suite de *lésion des organes digestifs* : nux, china, mercurius, pulsatilla, antimonium, phosphorus;

Par suite d'*affection du cœur* : arsenicum, aurum, pulsatilla, aconitum, spigelia, digitalis, lachesis;

Liée à des affections spasmodiques : Belladona, hyoscyamus, stramonium, opium, lachesis, causticum, cicuta, silicea, sulfur;

Par *suite de désordres utérins* : belladona, nux vomica, pulsatilla, aurum, platina, sepia, cocculus, sulfur;

Liée à des affections pulmonaires : phosphorus, hepar, lycopodium, silicea, calcarea, sulfur;

Après la *suppression d'un flux muqueux ou purulent :* pulsatilla, china, lycopodium, hepar, euphrasia, silicea, sulfur;

Consécutive à une apoplexie : aconitum, arnica, rhus, belladona, nux, causticum, stramonium, baryta;

Par suite de l'*exposition des yeux à une lumière vive :* aconitum, belladona, rhus, ruta, electricitas.

Des opérations qui se pratiquent sur l'œil.

Comment l'homœopathie en restreint le nombre.

Si l'art de guérir, à son origine, fut essentiellement topique et chirurgical, au point de vue du traitement actuel des affections de l'œil, on pourrait dire que la thérapeutique oculaire est encore au berceau, car ses procédés curatifs sont restés à peu près exclusivement externes : tous, depuis le traitement de la conjonctivite la plus simple jusqu'à

celui de la cataracte. Il était donné à l'homœopathie
de généraliser ce principe, que toute affection,
quelle qu'en soit l'origine, doit être traitée par une
médication purement dynamique. En effet, ce qui
est produit par la vie est du ressort de la vie, une
tumeur aussi bien qu'une fièvre, une inflammation
comme une névralgie. C'est seulement quand des
lésions organiques, incompatibles avec le libre
exercice des fonctions, persistent, que la médecine
doit appeler à son secours la chirurgie. Mais, dans
beaucoup de cas, la médication interne et dynamique suffit toute seule à la destruction des produits
morbides les plus hétérogènes à nos organes, et,
par son seul secours, on a vu des tumeurs se résoudre, des excroissances charnues disparaître, des
polypes tomber, etc.

Partant de cette idée, la méthode homœopathique
a pu singulièrement restreindre le nombre des opérations en général, et celles à pratiquer sur l'œil,
en particulier. Et cela pour le plus grand bien des
malades, qu'elles ne mettent pas à l'abri de la reproduction du mal ; l'excision par le bistouri et
la destruction par les caustiques ne pouvant détruire
son germe, qui siége dans l'intimité de nos tissus.

La cautérisation des granulations à la face interne

des paupières n'empêche pas des granulations nouvelles de continuer à se reproduire. La mauvaise
direction des cils, le renversement des paupières
en dedans ou en dehors, ne nécessitent pas d'o-
pération quand on prend soin de guérir la maladie
de la muqueuse dont ils ne sont que la conséquence. Les maladies des voies lacrymales ne se-
raient pas infructueusement traitées par tous les
procédés chirurgicaux, si on s'attachait d'abord à
éteindre, par la médication dynamique, la cause
qui les a produites et qui les entretient.

L'extraction des corps étrangers; l'opération de
la cataracte venue à maturité; celle de la pupille
artificielle, quand le malade ne voit plus à se conduire; certains strabismes continus qui ne sont pas
sous la dépendance de causes internes, et quand les
milieux de l'œil sont intacts; le rapprochement et
la restauration des parties divisées ou détruites par
des blessures, sont les seuls cas où la médecine oculaire soit appelée à devenir chirurgicale.

Du traitement préparatoire et consécutif aux opérations

Mais, pour être accomplies dans les meilleures
conditions de succès, les opérations, en général, et

celles qui se pratiquent sur l'œil en particulier, réclament, le plus souvent, une indispensable préparation. On ne saurait porter l'instrument tranchant sur un organe déjà altéré ou endolori sans crainte d'y déterminer des symptômes redoutables et capables de compromettre le succès de l'opération la mieux faite. Même après l'opération préparée et heureusement accomplie, il y a les accidents consécutifs à prévenir et à combattre, et nous savons par expérience combien, pour toutes ces choses, les ressources de la méthode ordinaire sont bornées et insuffisantes. Des émissions sanguines; des purgatifs; l'opium, dans les grandes douleurs, forment à peu près tout l'arsenal thérapeutique habituel, après quoi le médecin est à bout de moyens, et le malade aussi souvent de résistance et de forces.

Que d'opérations retardées ou jugées impraticables par l'impossibilité de soumettre les malades à un pareil traitement ! Combien sont suivies de revers, qui, par l'application judicieuse des moyens dont l'homœopathie dispose, et entre lesquels nous ne voulons citer que l'aconit, l'arnica, le rhus toxicodendron et l'ipeca, auraient pu être pratiquées avec succès !

De la cataracte.

§ 1er. *Des cas où il est possible de la guérir sans opération.*

On a si souvent donné le nom de cataracte à des lésions qui pouvaient la simuler, comme des fausses membranes dans le champ de la pupille, des amauroses incomplètes, et même certaines opacités de la cornée, qu'il est très-prudent de se tenir en garde contre beaucoup de faits de guérison annoncés, et de les soumettre au plus sévère examen. Nous n'entendons parler ici que des cataractes vraies, c'est-à-dire de celles dans lesquelles il y a opacité portant sur le cristallin ou sur ses enveloppes.

C'est en nous appuyant sur les faits cités dans les annales de l'oculistique, ou recueillis dans la pratique de nos confrères et dans celle qui nous est propre, que nous n'hésitons pas à affirmer que parfois la cataracte la plus vraie est susceptible de disparaître, et bien souvent de s'arrêter sous l'influence d'une médication appropriée.

Ce que Boerhaave, Græffe Beer, Caron du Villards et d'autres médecins distingués ont écrit de la curabilité de la cataracte s'est trouvé confirmé par les faits subséquents. Ce que Boerhaave croyait du mercure quand il écrivait *cataractas mercurius solvit;* ce que d'autres ont cru pouvoir obtenir de l'usage prolongé de la belladone ou de la pulsatille; d'une méthode anticongestive particulière ou bien d'une révulsion énergique dans le voisinage de l'œil, nous pouvons dire qu'on l'obtiendra bien mieux de médicaments homœopathiques appropriés à l'état du sujet, et entre lesquels nous citerons : conium, phosphorus, pulsatilla, causticum, cannabis, calcarea et silicea, longtemps administrés à doses infinitésimales, et, par conséquent, toujours sans danger.

Et toutes les dénégations *à priori* ne sauraient être ici d'aucun poids. Pourquoi serait-il plus impossible de prévenir ou de retarder, à l'aide de moyens spéciaux, la coagulation d'un peu d'albumine qui forme la substance du cristallin que de déterminer, par des médicaments dynamiques, la chute d'un polype ou la disparition d'un condylome et d'une tumeur? Trop de fois on est tenté de taxer de charlatanisme ce qu'on n'a pas vu, faute d'expérience suffisante. C'est ainsi que les succès les moins contestables de l'homœopathie ont été souvent traités.

Si la cause sénile toute seule présidait à la formation de la cataracte, prétendre en arrêter la marche pourrait paraître une illusion. Mais, si l'on considère que son développement est parfois lié à des congestions vers la tête ou à des ophthalmies répétées; qu'elle peut avoir pour origine une contusion, une blessure, l'inflammation de la membrane de l'humeur aqueuse ou celle de la capsule du cristallin, toutes circonstances dans lesquelles la médication homœopathique possède des agents nombreux et spéciaux, ignorés de l'ancienne médecine, on cessera de s'étonner qu'elle puisse prétendre à des résultats plus favorables encore que ceux qu'une médecine différente a pu obtenir. Le succès du traitement se bornât-il à retarder le développement de la cataracte, ce qui est toujours à espérer, et à conserver au malade plus de vision qu'il n'en retrouvera souvent après l'opération la plus habilement faite, il faudrait encore le tenter.

§ II. *Des cas où la cataracte doit être opérée.*

Quand la cataracte survenue dans un âge avancé a déjà acquis une consistance dure, que ses enveloppes sont elles-mêmes frappées d'opacité, que le malade ne voit plus à se conduire, il faut se hâter de recourir à l'opération, si rien, d'ailleurs, ne la contre-indique. Mais, dans ce cas même, l'intervention de l'homœopathie rend encore les plus grands services en préparant le succès de l'opération à faire et en assurant ses heureux résultats après qu'elle a été pratiquée. En effet, quelle que soit la méthode qu'on emploie : abaissement, extraction ou discision, le manuel opératoire n'est rien si la chirurgie ne met tous ses soins à prévenir ou à conjurer les accidents qui peuvent en être la suite. C'est surtout à l'opération de la cataracte que s'appliquent les règles que nous avons posées à propos des opérations qui se pratiquent sur l'œil.

L'homœopathie, avec les moyens nombreux dont elle dispose, et qu'elle peut, en toutes circonstances, administrer sans danger, offre encore ici des ressources précieuses et des avantages incontestables sur les procédés habituels de l'école allopathique.

TABLE DES MATIÈRES

PARIS. — IMP. SIMON RAÇON ET COMP., RUE D'ERFURTH, 1.